DU ER HER STADIG

DU ER HER STADIG

CAMILLA SØRENSEN

Denne bog er mine personlige tekster og noter fra 13 år med en PTSD diagnose – de står i en nogenlunde kronologisk rækkefølge.

De er skrevet over en årrække. Som en dagbog. Samlet til denne bog over 2023-2025.

Så forhåbentlig er der lærdom og erfaringer at spore.

Der er noter i kursiv, som er de erfaringer jeg har gjort mig undervejs og som jeg synes giver håb.

Forlag: BoD · Books on Demand,
Strandvejen 100, 2900 Hellerup, bod@bod.dk
Tryk: Libri Plureos GmbH,
Friedensallee 273, 22763 Hamborg, Tyskland

ISBN: 978-87-7145-801-5

Til Mads, Aida, Elin & Carl

Kære læser

Denne bog er en samling af øjebliks-tekster. En slags udvidet noter.

De er taget ud af min dagbog gennem 13 år.

Jeg skrev hundredvis af sider mens jeg var syg af min PTSD-diagnose.

En diagnose jeg fik efter jeg som 19-årig blev udsat for et drabs- og voldtægtsforsøg.

I dag er jeg 36 år, jeg er godt gift med M, vi har tre dejlige børn og jeg arbejder som sygeplejerske.

Jeg har fået masser af hjælp både privat og fra psykiatrien, men det har taget mig umanerlig mange år at få det rigtig godt igen.

I dag har jeg det godt og har haft brug for at, se hvor langt jeg er nået.

Jeg havde brug for igen at skrive mig igennem det. Nu brugte jeg blot de tekster jeg allerede havde skrevet.

For at blive klogere på hvad jeg har lært.

Indtil nu, i hvert fald

Jeg vil også gerne give videre.

Hvad jeg ved.

Give håb og styrke videre.

Dét er der kommet disse små sammenkogte tekster, noter om du vil, ud af.

Jeg håber de vil give dig et indblik i, hvordan jeg har haft det i mit liv med PTSD. Hvordan det kan opleves at have den diagnose med sig i livet.

Bogen er ikke en opskrift, men der ligger et lille håb i mig om at, du kan spejle dig i noget af det og vide at du ikke er alene!

Eller at du kan tage udgangspunkt i bogen og få startet en samtale med din pårørende, som måske er ramt af denne diagnose.

At du som pårørende kan få et indblik i en ellers ret usynlig tilstand, som kan være svær at sætte sig ind i, for dem der står ved siden af.

Tak fordi du læser med

Kærligst Camilla

Jeg har holdt noget hemmeligt

Noget forfærdeligt

I 11 måneder

I 335 dage

I 8040 timer

I 48,200 minutter

Holdt det hemmeligt for ALLE

Men jeg kan ikke holde det

hemmeligt for dig

Du er den eneste der ved det

Du husker hvert et slag

Hver en klam berøring

Kvælertaget

Kære krop der har været indbrud i dig

Jeg ønsker at jeg kunne holde det hemmeligt for dig

Men du husker

Du får mig til at føle det igen

Og igen

Og igen. Endeløst

Det du har i dine hænder er

Mit livs værste mareridt

Og mine svage, utilstrækkelige og til tider unævnelige øjeblikke.

Min hjerne og mit hjerte har en kamp om, hvem der skal have ret.

Min hjerne beder mig om at putte det hele i kasser.

Fint organiseret.

Mit hjerte tigger om, at det skal skrives ud.

For det kan ikke bære på det længere.

Du holder nu mit hjertes og sinds byrde.

Vil du behandle det mildt?

Jeg er som et hjem der har haft indbrud.

Du kan ikke se det.

Men hjem føles ikke som hjem længere

Der har været en fremmed

Som ikke var inviteret ind

En som tvang sig adgang

Det efterlader spor

Smertefulde spor

Livslange spor

“ Hvorfor starter du ikke selv snakken om PTSD og hvad det gør ved dig?” spurgte min mand en dag.

Han så jeg manglede fællesskab og forståelse.

Hvad han ikke ved er at, han hjalp mig ind et sted, hvor jeg begyndte at lære PTSD symptomerne at kende.

- at skrive har været min redningskrans

- min mand har været min redningskrans

- åbenhed har været min redningskrans

Så her er min vej, som jeg har måtte finde uden kort eller vejvisning.

Undervejs har jeg, uden at vide det, lavet en vej, fundet en vej.

Nu vil jeg danne mig et overblik over alt det skrevne og se det kort det danner.

JEG ER BANGE FOR IKKE AT BLIVE GREBET!

- om at dele de svageste følelser

Jeg har brug for et blødt, varmt og TRYGT sted at falde.

- mentalt

Jeg har gennem årene haft denne følelse mange gange.

Selv nu hvor jeg skriver denne bog, sidder jeg med den.

"hvad ville du gøre, hvis du ikke var bange?"

Jeg er blevet grebet mange gange af gode mennesker.

Jeg har også måtte lande på benene selv.

Jeg har lært at jeg kan meget selv,

men at det også er vigtigt at, få hjælp af venlige sjæle.

Jeg har intet sprog for det her

Ingen lyd på stemmen

Jeg har ikke den fjerneste ide

Om hvad jeg gør nu

\- ?

Mit blod koger af raseri

Jeg hader dig

Men du mærker aldrig mit had eller raseri

Hvor skal jeg lægge det?

TIL ´AMERIKANEREN´

Jeg har aldrig kunne bruge hans navn.

Når jeg skal omtale den mand som overfaldt mig

Bruger jeg hans nationalitet

Det er så hårdt

at holde mig selv oven vande

Jeg har ikke flere kræfter

Er bange for hvornår de slipper op

og jeg synker mod bunden

Men der er også noget tiltrækkende i

at give slip

- skal man ramme bunden?

Jeg hader at tale om det!

Det får mig til at føle mig svag og som et offer

Det får mig til at føle at jeg intet kan

- jeg vil væk fra denne følelse

Ud skal det!

Psykiatrisk førstehjælp ville have været det bedste,

(ved jeg nu)

men jeg må starte hvor jeg er.

Ikke kæmpe så meget imod, men begynde et sted.

Det at jeg ikke talte om det, gjorde at jeg forblev alt for længe i det. Længere end nødvendigt

Jeg gik ikke mere i stykker af at tale om det

Jeg blev ikke en svagere person

Og jeg blev ikke skør af at tale om det.

Flashback – du er min fjende.

Jeg har ikke sovet særlig meget

Skal vende døgn efter endt nattevagt, så står tidligt op

Har en tandlægetid og en del praktiske ting inden vi skal til min brors fødselsdag.

Så fik ikke løbet eller dyrket yoga

Og det var nok en fejl.

For jeg har ikke håndteret den hektiske følelse jeg er vågnet op med.

Mine børn skal hentes, så nu ignorerer jeg min krops signaler.

Falder tilbage i at, mose på.

Har rigtig svært ved at stoppe op og så opstår lavinen pludseligt.

Til fødselsdagsmiddag.

Børnene er puttet. Kan endelig sænke skuldrene lidt.

Hygge mig uden afbrydelser.

Så helt klassisk. Lige efter FUCKING bogen, når jeg ikke skal holde det hele samlet for børnene, så begynder det at sive.

Andre gange fosser det ud

Dér midt i fødselsdagsfejringen mærker jeg hænderne om min hals. Trykket, smerten og 'amerikanerens' stirrende blik.

Det fuldstændig fastbesluttede blik, der blot venter på at se livet svinde ud af mig.

Jeg stivner midt i desserten.

Fjern.

Kan ikke rigtig høre samtalerne. Holde fokus bliver umuligt.

Uden varsel er jeg opslugt af frygt. Frygt for at miste livet.

Den totale magtesløshed.

Panikken hilser på.

Jeg rejser mig.

Jeg skal hjem. Ingen må se at jeg er ødelagt.

Jeg vil ikke ødelægge fødselsdagen.

Pakker børnene og får min mand til at køre os hjem.

Kunne kun administrere et vink som "tak for i aften"

Jeg kan ikke være i mig selv, når jeg har flashbacks.

Det er som om der ikke er plads til os begge.

Fortiden og nutiden kan jo ikke eksistere på samme tid.

Det er ikke muligt.

Men det er hvad et flashback gør. Tvinger fortiden ind i nutiden.

På den ondeste måde muligt.

Skynder mig i seng. Heldigvis er vores børn udstyret med eminente sovegener!

Det eneste jeg vil nu er at, falde i søvn og vente på i morgen, som forhåbentlig er en mildere dag.

Men jeg kan ikke sove...

Føler skam når jeg reagerer på flashbacksne

Det bliver alt for stort og kaotisk

Pinefuldt pinligt

Kan ikke være i min krop

Presser et flashback mig egentlig ud af mit eget skind?

Overtager den min plads?

- Kontrol tab er det allerværste jeg ved

Den eneste følelse jeg har i dag er

En lyst til at jagte 'amerikaneren' ned

Slå ham ihjel (forsvinder min frygt så?)

Han skal mærke frygten for at miste sit liv.

Er jeg en person der hader og er hævntørstig?

I dag er jeg!

På mine mørkeste dage er dét, det eneste jeg ønsker.

Hævn er som en besættelse jeg ikke kan acceptere, men
alligevel har.

Det tager al min energi at mærke hævnen. Forstille sig den.

Den eneste der lider under den, er mig.

Hvad nytter den?

Jeg får ALDRIG, ALDRIG, ALDRIG nogensinde
mulighed for at splitte ham ad.

Og jeg kan nok ikke, hvis det kom til stykket.

Jeg får ikke mulighed for at rette mit glødende,
indestængte raseri mod den rette.

Jeg får aldrig muligheden.

Jeg lever i en 10 år gammel boble.

En boble jeg ikke formår at springe.

Ikke formår at gøre mindre

Den vejer flere tons

Mere end jeg kan bære. Dens vægt er uudholdelig

Jeg kan ikke gøre den lettere.

Der sker ikke en skid

Skal dette være mit liv?

Ingen af dem ved hvad det vil sige

at prøve, at leve efter et drabsforsøg

Efter at en har forsøgt at klemme livet ud af dig,
bogstavelig talt

- jeg er ensom

Skal jeg resten af mit liv, gå glip af arrangementer fordi jeg ikke altid har energien til at, være i det forbandede alarmberedskab?

- bliver det nogensinde normalt igen?

Mit sind forråder mig

Jeg kan ikke holde flashbacksne på lang nok afstand

Bare en enkelt dag

Bare én pause

Vil du ikke nok?

- desperat

Jeg bakker min bil ind i indkørslen

Så jeg hurtigt kan komme væk

Jeg føler mig sikrest i gummisko og buksedragt

Så er jeg sværere at voldtage

Jeg er kampklar

Hvert sekund

- min hverdag

Mit system er i alarmberedskab

Til et bryllup af alle steder

Der er kun glæde og kærlighed i luften

Jeg mindes aldrig deres bryllup uden at, kunne mærke hvor meget PTSD'en havde fat i mig.

Kan slet ikke vente på at få gode, dejlige minder, PTSD-fri minder til deres kobberbryllup.

For nu er jeg uden symptomerne.

Endelig kan jeg slappe af og grine helt nede fra maven

ENDELIG!

Jeg frygter

Hele tiden

Frygter at føle

at blive opfattet som svag

Efter kvælningen

Skulle jeg lære at trække vejret igen

Jeg skulle lære tillid at kende igen

Skulle lære at være spontan og eventyrlysten igen

Jeg er nået meget langt

Jeg lærer og aflærer stadig

Resten af livet forhåbentligt

Der er altid håb for ude!

Når du ikke kan se håbet, er det fordi,

det er rundt om et hjørne.

Bliv ved med at knokle.

Du når hen til at kunne

se håbet for an dig igen.

Jeg er så ked af det

som om jeg sørger over en jeg elskede dybt og inderligt, er væk

Jeg er bange for den slags ked-af-det-hed

Bange for hvad den kan gøre ved mig

Bange for ikke at kunne komme ud af den igen

Den er altopslugende

Kan ikke finde min normal tilstand

Kan kun holde den på afstand. Så langt væk som muligt.

- ubevidst flugt

Jeg blev til 'pink mist' af dine handlinger

Jeg kan ikke samles igen

Eller kan jeg ?

Er jeg en zombie, uden indhold, der blot copypaster alle jeg ser?

Det føles som et kropsligt indbrud, hvor du stjal mit indre

MIN kerne

Du behøvede ikke også at flænse mig i forbifarten

Alt bløder

Hvor skal jeg starte med at stoppe blødningen?

Hvilket læge-speciale skal hjælpe mig?

Hvordan gør man det her?

AARRRRHHH

Jeg fyldte mit sind op med beton

Jeg havde ikke tænkt over, hvor tungt og stift det ville gøre det

Jeg må finde en betonhammer – helst en på el

For mine kræfter er små for øjeblikket.

Jeg er så træt

Kamptræt

Kan næsten ikke håndtere at, være et almindeligt

menneske samtidig med

Jeg har, sgu, ikke lært at leve i nuet efter den horrible nat.

Jeg har ingen romantisk ahaoplevelse med derfra

Jeg har ikke fundet meningen med livet efter det.

Tværtimod så er alt usikkert og skrøbeligt.

Jeg gik i stå den nat

Min krop husker det som var det i går

Jeg har lukket ned for mine følelser, så meget at jeg ikke altid kan mærke om jeg er sulten eller træt

Glæden er på halvt blus

Kærligheden er pakket ind i vat

Alle følelser er pakket ind i vat

UNDTAGEN de følelser og minder fra den nat

De føles knivskarpt

De er allestedsnærværende

Især i øjeblikke hvor de ikke hører til

Der er intet der er helligt for PTSD'en

Jeg hader den

Den følger mig, som min skygge følger mig

Tæt

Uanset hvor hurtigt jeg løber

(hvordan slap Peter Pan af med sin skygge?)

Får jeg aldrig lov til at lukke døren til den nat

Jeg er så træt, så inderligt træt

At jeg ikke reagerer, tager livet af mig.

Accept er en svær størrelse.

Prøver at bevare hvem jeg er

Men det HAR ændret sig.

Accepter det nu!

Hvorfor går du så meget op i at hjælpe andre

Når du ikke går op i at hjælpe dig selv?

Hvordan lever man med PTSD?

Jeg har forsøgt at google det

Blev ikke klogere

Jeg ved overhovedet ikke hvordan man gør

Men det er mit liv

Og DET er vigtigt

- frustration og accept i en underlig blanding

Jeg føler mig alene

Der er ikke nogen, i min omgangskreds, der ved hvad det vil sige at have PTSD

Ensomheden er nogle gange total

På de mørkeste dage er det ensomheden, der skubber mig ud at have lyst til at give op

- ensomheden er en livsdræber

Jeg fik en kæmpe aha oplevelse af at,

række ud til en veteran på instagram.

Han var ved at fixe en båd som skulle sejle med PTSD-ramte veteraner.

Han tilbød mig at komme forbi værftet og møde de andre.

Nogen som levede hver dag med PTSD

Bare det at vide at, jeg ikke var alene.

At jeg var velkommen, selvom jeg ikke er veteran,

gjorde ALVERDEN for mig.

Jeg kom aldrig afsted

Det ærgrer mig i dag

Men det hjalp mig og jeg er evigt taknemmelig

S/Y Veteranen - TAK

Alt det her fylder for meget

Der er så mange ting jeg gerne vil i livet

Med livet

Jeg vil gerne være færdig med at tale om det

- det er en tålmodighedstest uden modstykke

Jeg savner en pause

En laaaaaaang pause

- PTSD pause

Jeg har aldrig kunne slukke for symptomerne, men jeg har fundet måder at lave pauser.

Åndehuller!

Må jeg godt splitte dig ad?

- Til 'amerikaneren'

Jeg er rasende over at jeg ikke kunne "få lov til" at sige

nej tak! til en mand, uden at betale for det med mit liv.

Mine knogler lyser rødglødende af raseri

De er næsten neon-farvet, så rasende er jeg

Hvorfor husker min hjerne det så modbydeligt tydeligt?

Er min hjerne skadet?

Tror jeg vil hoppe i den kolde bølge.

Måske det giver en times pause?

Det kolde vand hjælper mig altid

Om det er havet, et iskoldt brusebad eller regnvandstønden

Det er nogle gange svært at komme afsted og i

Men det er altid det hele værd - det lover jeg :)

Jeg vil gerne have modet til at tale højt

Eller skrive det stille

Det er vel et håb om at skabe forståelse for det usynlige

Også fra mig

Jeg knokler med at få mit liv som mor, kone, veninde og sygeplejerske til at gå op med PTSD'en

Det er en "matematik" jeg ikke kan regne ud.

Jeg er bange for PTSD'en

Bange for hvad den gør ved mit sind

Bange for ikke at nå ud igen

Kan jeg finde tilbage til "mig"

I komplet mørke

Jeg er bange for at gå i gang

- at starte i PTSD pakkeforløbet

Jeg er begyndt at spørge mig selv om, hvad jeg kan lære af det, i stedet for!

Det er ikke helt så sort og opgivende – altså frygten!

<u>12 uger inde i pakkeforløbet:</u>

Det handler ikke om at komme tilbage – det er et nyt liv – nyt perspektiv og accept af at, det er sådan det nu en gang er.

Jeg forsøger at rydde op

Sætte kaos på plads

Men hvor starter jeg og hvor skal jeg stille det?

I hvilken rækkefølge skal jeg gribe det an?

Er det ikke ligegyldigt?

Bare start

Jeg er ikke parat til at dø

Ikke endnu

19 år og stadig med hele livet foran sig

Hvad gør jeg nu?

FUCK

Du gav mig en følelse af tilintetgjorthed

- til 'amerikaneren'

Det du tog

Var et stykke af min menneskelighed

Min sjæl skriger så hjerteskærende efter det

Efter det stykke den mangler

Jeg kan ikke hjælpe den

Jeg har forsøgt

at erstatte tomrummet

Jeg har lært tomrummet at kende

Været i det længe

Lukket døren og siddet i dets

Tomhed og mørke

Været i alle afkroge derinde

Nu kan jeg bedre forstå det

Og lade det være

Accepten er vel lige så stille dukket op

Jeg har planlagt min begravelse

Skrevet, hvilke samler der skal synges, ned

Organdonor – tjek

Jeg vil brændes og begraves i en skov.

Under en stor bøgekrone

Jeg er stadig bange for at blive dræbt og smidt et ukendt sted.

Og hvis jeg nogensinde bliver færdig med at strikke

Min nybegynder- sweater,

så vil jeg have den på i evigheden

Den tynger mig

Alt føles hårdt og uoverkommeligt

Selv den mindste ting

Jeg bliver tungere

Indvendigt

Denne tunge indre masse er der ingen der kan se

I dag er den tunge masse blevet lettere

Eller også er jeg blevet meget stærkere

Det er også ligegyldigt

Det vigtige er at det ikke føles så tungt længere!

Hæng i

Min indre stemme er hård

Kritisk

Sjældent rosende

“vær mild ved dig selv!” sagde min moster

Som om hun kunne se min indre stemmes hårde monolog

Hvorfor føles det som om jeg har ondt af mig selv, hvis jeg er mild ved mig selv?

Kan kritik ikke “siges” uden foragt og had?

Nytårsforsæt for 2019:

Jeg vil vende min indre stemme til en anden og mildere tone

Jeg troede, jeg beskyttede mig selv, da jeg byggede en mur op om mit sind

Om mit indre

Jeg endte med at fylde det hele med cement

I ren panik

Misforstået beskyttelse

Men jeg var 19 år

Jeg havde ingen erfaring med livet

Eller følelser

Synes læringskurven lige blev stejl nok

For en 19-årig naiv og godtroende pige

Der ville se verdens vidundere

Se de smukke koralrev og dets beboere

Nyde friheden og eventyret med min bedste veninde

Frihed?

Hvad var det han frarøvede mig?

Min kerne kalder jeg det

Det var mit allervigtigste – helligste

Noget jeg ikke kan reparere

Noget jeg ikke kan erstatte

Tror jeg. Det føles sådan.

For mig er PTSD:

- At blive trukket ud på et sort uendeligt hav. Med stærk understrøm, som jeg mest kæmper imod. Det hjælper ikke. Jeg har lyst til at give op og bare flyde med.
- Destruktiv
- Fortid i nutiden kan ikke sameksistere. Så hvor skal jeg eksistere?
- Er modvind. Om vinteren, hvor små iskrystaller pisker med vinden mod dit ansigt og på dine hænder. Fordi du forgæves forsøger at beskytte ansigtet med dem.
- Skam
- Trangen til at give efter det destruktive og bare forsvinde. Puf.
- At være andenrangs menneske
- At være alene med fortiden
- Mit vågne mareridt og helvede
- At være i følelses-fængsel

Om det så skal tage 100 år, så kommer jeg godt "videre" med livet!

Det er jeg heldigvis lykkes med!!!!

Jeg har brug for at være brudsikker

Lavet af ... jeg ved ikke engang hvad der er det stærkeste materiale

Og helt ærligt

Så gør det så umenneskeligt ondt

Jeg er ikke brudsikker

Jeg er flænset og i tusind stykker

Jeg har aldrig prøvet noget lignende før

Hvad gør jeg nu?

Jeg kan ikke klare den her alene

Jeg kan ikke finde vej

Det tog tid, men nu ved jeg

At jeg selv skal rydde pladsen

Så jeg kan bygge en ny vej

Min vej

Der findes ingen opskrift eller plantegning

Jeg er ikke længere knust

Et par enkelte steder er stadig ødelagt

Men resten er blødt, mildt elastisk, bevægeligt

STÆRK BLØDHED

Jeg har masser af kræfter til at bære de ødelagte steder

Passe på dem

Være mild ved dem

Give dem plads

Jeg kan passe min 19årige unge kvinde, der stadig

indimellem rører på sig, i mit indre

Nu taler jeg mildt til hende

Til mig selv

Det var forbistret hårdt at nå hertil

Men jeg gjorde det

Med hjælp og alene

Og ja, det svier stadig indimellem

Men jeg er helt okay igen

Jeg tiede det ihjel

Troede jeg

Flygtede

Frygtede

Jeg sad fast

Bevægelsen kom i takt med

At jeg skrev det ned

Så på det

Tog ansvaret

Begyndte at bevæge mig

Langsomt lærte jeg, mens jeg gik

Lærte mens jeg skrev

At skrive blev min redning, bevægelse og begyndelse

Gør noget

Begynd et vilkårligt sted

Lav fejltagelser

Lær noget

Lav flere og bedre fejltagelser

Bare der er bevægelse

Så kommer tingene til at ændre sig

Til det bedre

Blomster i en vase

Åbent vindue

Kvidren fra fugl og menneske

Du er her

Stadig

I live

I livet

Læn dig blidt tilbage

Mærk brisen

Strømme gennem vinduet

Mærk livet

Lydene

Forsæt nu dagen

I dag er en god dag

Livet er igen, helt og holdent godt

Jeg er ude at cykle

Dyrker motion fordi det er sundt

For at jeg kan leve længe og stærkt

Fordi jeg godt kan lide det, når jeg først er kommet afsted

Pludselig slår min hjerne ind, midt i den høje puls

"hvad nu hvis den varebil vender om?

Hvis den kører ind i dig og du brækker benet?

Så er du lige til at voldtage!"

PTSD'en taler nu

Det ved jeg

Men bestemmer den?

Modgiften er at ringe til min far, mor eller mand og få et virkeligheds-tjek!

Stopper cyklen

Pulsen skal ned – det har jeg lært med tiden

På med en overdrevet glad sang, som jeg helst skal kunne teksten til.

Så kan jeg fokusere på at holde fast i teksten.

Ud med kaostankerne

Op på cyklen igen

Mine symptomer kan stadig, selv i 2025, dukke op

Men i dag ved jeg hvad jeg skal gøre ved det

Det svier, men det er ikke smertefuldt

Og jeg ved det går over igen.

DÉT VED JEG

Brok dig ikke over, det du ikke fik gjort

Se på det du får gjort

Gør hvad der gør dig glad

Men gør arbejdet

Og bliv glad

Vær tilfreds

Vær glad en gang hver dag

Mindst

- påmindelser til mig selv

Hvis du ikke kan mærke glæden

Så dans

Dans mærkeligt

Med store bevægelser

Så kommer du til at grine lidt af dig selv

Så kigger glæden forbi

Det lover jeg

Mål til 2023:

- Ro
- Mere natur
- Mere motion som er sjovt
- Herocamper eller campervan
- Hverdags udendørs eventyr

- simpelt er nemmest

Jeg håber du vinder den kamp

Du ikke, fortæller nogen om

Jeg er bange for:

At mine børn skal mærkes af at have en mor med PTSD

MOR MED PTSD

Jeg er ikke klar til at kigge på det kapitel, med jer, endnu

Jeg har ikke fundet mig selv igen

Jeg har lavet en ny

Klogere

Mildere

Blødere

Stærkere

Mig

Og jeg elsker det

Jeg har fået masser af hjælp og krammere

Især af min mand

Men jeg har gjort arbejdet

Jo ældre jeg bliver, jo mere har jeg brug for at forstå

min historie

Måske kan jeg så finde et sted at placere den

Lade den hvile og bo der

Det tog dig et øjeblik at forandre hele mit liv

Forandre mig for altid

20 min – ikke mere

Tror jeg da

Eller det har jeg besluttet at det måtte have varet

For at gøre det en smule mere håndgribeligt

Uanset tidsrammen, så smadrede du mig mentalt

Dine slag kom på ydersiden

Dit blik da du kvalte mig, fik mig til at give op

Og dét knuste mig

At mærke døden nærme sig for hvert sekund jeg ikke fik luft

Tid heler ikke

Men tiden har dog gjort mig stærkere

Fordi jeg har opbygget muskler, der kan bære det

At skrive former min sjæl

Bearbejder

Når jeg skriver, taler min sjæl til mig

Den beder om at blive formet, omstruktureret

Så kan jeg være i det

Med det

Det er hårdt at have det gode liv, lige der

Samtidig med at jeg ikke kan være til stede i det

- så tæt på og alligevel så langt væk

M tager en masse lort der ikke er rimeligt

Det er ikke til ham

Jeg har intet sted at smide det og derfor siver det
ukontrolleret ud af mig

Rammer den forkerte

Det er ikke fair

Jeg ved det

Jeg gør vitterligt alt hvad jeg kan

For at holde sammen på mit ægteskab

Og vores familie

Men jeg bliver ofte ramt af at, det ville være nemmere at
lade dem gå

Lade dem leve et liv uden PTSD.

For den slipper mig aldrig

13 år senere

I dag er jeg symptom fri

Vi er fri

Jeg ved ikke hvordan man gør

Jeg prøver

Fejler

Prøver noget andet

Falder og slår mig

Rejser mig op

Får hjælp til at rejse mig

Og til at blive stående

TAK for al hjælpen! Jeg er jer evigt taknemmelig

Jeg er så træt

Kamp træt

Kan ikke være et almindeligt menneske

Hvorfor slog du mig ikke ihjel?

Hvorfor er jeg her stadig?

GID JEG ALDRIG HAVDE MØDT DIG

GID DU ALDRIG VAR BLEVET FØDT

GID KARMA RAMMER DIG HÅRDERE END JEG OVERHOVEDET KAN FORESTILLE MIG!

GID JEG MÅ SE NÅR KARMA RAMMER DIG

GJORDE MIT "NEJ" DIG VRED?

GJORDE MIT "NEJ" DIG MINDRE SOM MAND?

DU FØLTE DIG LILLE – GJORDE DU IKKE?

MEN HVORDAN KAN DET FÅ DIG TIL AT GØRE DE TING VED ET MENNESKE?

HVORDAN KUNNE DU ?!?!?!?!?!?!?!?!

DU ER IKKE ET MENNEKSE I MINE ØJNE

ER DU ET MONSTER?

JEG HAR ONDT AF DEN KVINDE DER HAR DIG SOM SØN

- TIL 'AMERIKANEREN'

Mit forsvar er ikke længere stærkt nok

Minderne er så stærke at de opsluger mit sind øjeblikkeligt

Jeg har tabt

Jeg er begyndt at give mig selv lov til at fungere på

Halvt blus

Hader at føle mig svag

Men kan ikke mose mig igennem den her

Min maveformemmelse er bedøvet

Det var ikke meningen med den cement mur

Men nu kræver det langsommelighed, varsomhed og at

jeg mærker efter.

Øver mig

Men det svinger

Oplevelsen pressede luften ud af mig

Eller gjorde min stilhed

Jeg blev fysisk dårlig af, ikke at, kunne få luften rigtigt ned

I lungerne

glemte min krop at trække vejret?

Nu er jeg i processen om at acceptere

den episode som en del af min livshistorie

Det er svært

Svært at rumme

Men det virker ikke at holde det hemmeligt

Du vil ikke kunne se på mig

at jeg har oplevet et drabsforsøg

Og at jeg har brugt de sidste 10 år på at finde ud af

Hvad der skete inde i min krop og ikke mindst i mit sind

I 10 år har jeg fornægtet

Fornægtet at det var mig han havde forsøgt at slå ihjel.

Flygtet fra den virkelighed

Det var for stort for mig at rumme

Det ville fortære mig på et splitsekund.

Så uden at tænke pressede jeg oplevelsen længere og dybere ind i mit sind.

Forholdte mig kun til den, når den tvang sig frem

I 10 år har jeg forsøgt at tie det ihjel

Jeg skammer mig

Jeg ved det ikke var min skyld, men skammen sidder der alligevel

Jeg er ikke svag – jeg havde ikke kræfter nok til at slås mod en mand der var muskuløs og besluttet.

Jeg er fornuftig og velovervejet og alligevel skete det for mig

Det utænkelige

At jeg sagde nej til en mand og måtte bøde for det med mit liv.

Jeg frygter at blive dømt som ødelagt og ubrugelig

Jeg frygter at genopleve det

Jeg frygter kvælningsfornemmelsen, som min hals husker
til perfektion

Jeg frygter det vågne mareridt

Han kvalte mig

Jeg kunne ikke hive en enkelt vejrtrækning ned

Jeg åbnede munden i desperation

For hvad nu hvis der kom lidt igennem

Åbnede munden som en fisk der er hevet op af havet

Men luften nåede kun min mundhule

Jeg frygter at give op

Jeg er ikke kommet så langt alene

Jeg har haft støtte i mit privatliv hele vejen

I gør hele forskellen

TAK ♥

DET VENDER IGEN

HVORNÅR VED INGEN

MEN JEG VED DET VENDER

HÆNG I KÆRE DU!

At være skidefrustreret over

At de redskaber jeg bruger,

Nogle gange bare ikke virker

Lige så godt som andre gange

- hvorfor er det ikke mig der altid har kontrollen?

Jeg fortæller mig selv og mine nærmeste så meget bullshit

At det ikke påvirker mig, så meget som det faktisk gør!

At jeg sagtens kan håndtere det selv

At jeg ikke behøver hjælp

At jeg ikke er ked af det

At jeg ikke er vred

At jeg ikke hader og vil have hævn

At det her ikke får lov at forme hvem jeg er

Bullshit hele vejen igennem

Nu skal det være slut

PTSD'en påvirker mig i sådan en grad, at det tager pusten fra mig

Dagligt

Sådan!

- bullshit på daglig basis er for meget

Du er mit helt eget private helvede

Jeg hader dig

Rasende men lammet på samme tid

Ensomheden er til tider katastrofal

Totalt tilintetgørende

Destruktiv

Absolut

Altopslugende

Mit ensomme mareridt

Gad godt møde nogle øjne der vidste

Vidste hvad mine fortæller

Og så var du der

Du, hvis øjne vidste

Men vores sjæles smerte er for ubærlige til at være i samme rum

Vi ses ikke så tit

Tror ikke vores skuldre er klar til vægten

Vi er stærke, men ikke så stærke

Fyldes kun med mildhed, når jeg tænker på dig

Men jeg savner dine forstående øjne

Det er vigtigt

Faktisk livsnødvendigt

At du rejser dig

Der er ikke en rigtig måde at gøre det på

Du må finde din måde, men rejse dig, det skal du!

- til mit 19årige jeg

til mine børn. Også.

Løb og yoga får mit ydre til at føles stærkt, smidigt og dueligt

Jeg føler mig svag indeni

Stærk skal – destrueret kerne

Men jeg MÅ føle mig stærk et eller andet sted ellers kan jeg ikke eksistere

Det virker for det meste

For det er svært at stå op med følelsen af at være destrueret.

Ned

Et trin ad gangen

Ned af trappen

Nøgen

Holder fast i det iskolde gelænder

Nu omsluttes jeg af det kolde, bevægende blå

Iskoldt

Alt forsvinder

Tankerne, fornemmelserne fryses i et øjeblik

Frosten giver en pause

Taknemmelighed bølger ind over mig

Med hver en iskold bølge

- en vinterbader med flashbacks

KUN havet kender mit skrigs lyd

Jeg skriger under vandet når jeg vinterbader

Jeg tør ikke andre steder

Jeg skræmmer mig selv

Og måske nok også andre

FROSSENT HAV – YOGA - LØB - LANGE GÅTURER – VEJRTRÆKNING

Måske alligevel en form for formel eller opskrift ?

Følelser er ikke din fjende

Men du skal være parat

Parat til at være i det ubehagelige

Du vil føle dig svag når du tager dig af din indre smerte

Det er ikke så nemt som en gips om en brækket knogle

Men det er fordi vi ikke har lært det som små

Tror jeg

Men du bliver stærkere, modigere og klogere af det

Er du parat til at være i det ubehagelige?

For en stund.

Jeg vil have min mentale sundhed til

at være så vigtig, at jeg passer på den

Jeg vil lære den at kende

Forstå den for at kunne

passe på den

Så den ikke fylder for meget

Så den ikke gør mig syg

Den skal have en passende plads

- balance

Håb eksistere

Også selvom du ikke kan se det

Vid at det er der

Øv dig i at huske det

Skriv det på din om nødvendigt

Mas håbet ind også selvom du ikke tror det virker

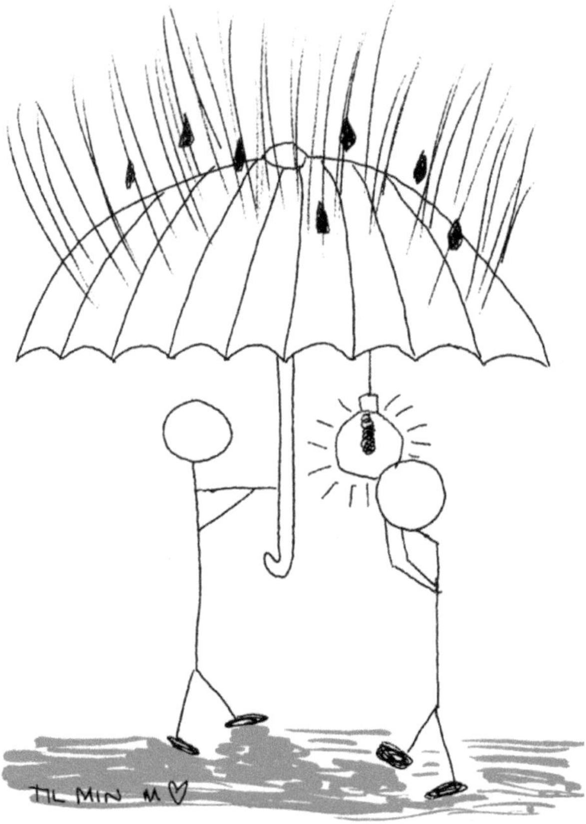
TIL MIN M

Jeg er helt enkelt overvældet

Jeg er nødt til at finde ro i at, jeg lærer mens jeg går

At det er okay at fejle

Okay at være et sårbart sted

Jeg er nødt til at lære, at jeg ikke hele tiden kan være stærk og dygtig

Det rationelle er logik for mig

Men mine følelser er noget værre roderi

De er flyvske. Kaotiske

Jeg ønsker mig et veletableret følelsesliv til jul!

Jeg samler min proces sammen, så jeg kan se hvor langt

jeg er nået

Som et skriftligt kort

Så kan jeg måske klappe mig selv på skulderen med et stolt

"Du er her stadig"

Nu hvor du ved alt dette

Må du ikke behandle mig anderledes

Jeg er ikke lavet af porcelæn

Du må gerne tale med mig om det

Stille spørgsmål

Og måske give et ekstra kram :)

Mit sind er på sommerferie

Det er fantastisk!

Der er ro og croissanter